U0641178

《小王子》

里的 思辨阅读课

阅读·思考·成长

多奇◎著 布谷插画◎绘

山东教育出版社

·济南·

图书在版编目（CIP）数据

《小王子》里的思辨阅读课 / 多奇著；布谷插画绘.
济南 ： 山东教育出版社，2025. 5. -- ISBN 978-7-5701-
3604-9

Ⅰ．G634.303

中国国家版本馆CIP数据核字第20257X10W7号

XIAOWANGZI LI DE SIBIAN YUEDU KE

《小王子》里的思辨阅读课　　　　　　　　　多奇 / 著　布谷插画 / 绘

主管单位：山东出版传媒股份有限公司

出版发行：山东教育出版社

地址：济南市市中区二环南路 2066 号 4 区 1 号　　邮编：250003

电话：（0531）82092660　　网址：www.sjs.com.cn

印　　刷：山东华立印务有限公司

版　　次：2025 年 5 月 第 1 版

印　　次：2025 年 5 月 第 1 次印刷

开　　本：710 毫米 × 1000 毫米　1/16

印　　张：7

字　　数：71 千字

定　　价：36.00 元

（如印装质量有问题，请与印刷厂联系调换）印厂电话：0531-76216033

序言

　　当你翻开这本书时，金色头发的小王子正在宇宙中静静等待。他来自 B612 星球，带着他的玫瑰、他的绵羊，还有他那些看似天真却充满哲思的问题，即将与你展开一场奇妙的思辨之旅。

　　如果你已经读过《小王子》，那么这个温暖的故事无疑会在你心里留下点点星光。但这一次，我们要做的不仅仅是阅读，而是要像小王子一样，用好奇的眼睛观察世界，用纯净的心灵思考人生。

　　你知道吗？当小王子问飞行员"绵羊会不会吃掉玫瑰花"时，这不仅仅是一个关于保护的问题，更是一个关于爱与责任的问题。当我们读到小王子驯养狐狸的故事，那句"本质的东西，眼睛是看不到的"，其实是在教我们如何用思辨的眼光看待世界。

　　在这本书中，我们将一起化身小小思辨家。我们会思考：为什么大人总是看不懂小孩子画的画？国王真的是在统治一切吗？点灯人的工作有意义吗？每一个问题都像一颗星星，等待我们用思考的光芒去点亮。

　　思辨就像小王子的星球上那朵独一无二的玫瑰，只要你愿意用心浇灌，它就会在你内心绽放。当我们学会思考故事背后的深意，就会发现阅读变得更有趣了；当我们学会从不同的角度看待问题，就会发现自己变得更聪明了；当我们学会用文字表达自己的想法，就会发现自己原来这么有才华！

在这场思辨之旅中，你还会遇见很多小伙伴。他们和你一样，都是爱思考的小小哲学家。你们可以一起讨论，一起探索，一起写下自己的奇思妙想。请记住，每个人的想法都是独特的，就像宇宙中每一颗星星都有自己的光芒。

亲爱的小读者，你准备好了吗？让我们一起跟随小王子的脚步，在浩瀚的星空中遨游，在思辨的海洋里探索。相信当你读完这本书时，你会发现自己的脑袋里装满了闪闪发光的想法；而写作，将成为你表达这些想法最有趣的方式。

现在，让我们和小王子一起，开启这段奇妙的思辨阅读之旅吧！记住，重要的东西用眼睛是看不见的，要用心灵去发现，用思考去探索，用文字去表达。让我们一起，在阅读中思考，在思考中成长，在写作中绽放！

目录

第一章

初识小王子

本章思维训练

作者对大人和孩子的态度很不同，你认为他对大人的不满是什么？你赞同他的观点吗？你怎样判断一个人说的话是对的还是错的？你的依据是什么呢？

"我"六岁时读了一本名叫《真实的故事》的书，根据书中的故事，"我"画了一幅蟒蛇吞掉大象的画拿给大人看，可是大人们都以为"我"画的是一顶帽子，还劝"我"要把心思放在学习上，不要胡思乱想。"我"放弃了绘画，努力学习，后来成了一名飞行员。

六年前，"我"的飞机的发动机坏了，被迫停在了撒哈拉沙漠中。"我"很担心在弹尽粮绝之前不能把它修好并离开那里。

正在发愁的时候，"我"碰到了一个叫小王子的孩子，他请"我"为他画一只羊。"我"六岁以后再也没画过别的东西了，于是给他画了小时候那幅蟒蛇吞掉大象的画。

只要想象到位，盒子里可以装下整个世界。

小王子竟然一下子就认出来"我"画的是什么，这让"我"很高兴。可是，"我"画了几次他都不满意。"我"正为了维修飞机的事而心烦意乱，为了打发他，就画了一个四四方方的盒子，并告诉他羊在盒子里，没想到他反而非常开心，说这就是他想要的。

他总是提出很多问题，可是对于

"我"提出来的问题他却像没有听见一样。通过他零星的描述，"我"搞清楚了他的一些情况：他来自一颗非常非常小的星球，名字叫 B612。大人们给星球这样命名是因为他们喜欢数字，总以为这样才更可靠。发现它的人是一位土耳其天文学家，第一次他穿着民族服饰来发表观测结果，可人们都不愿意相信他。后来，这位天文学家穿了一身漂亮的欧式服装，再一次发表观测结果时，人们就愿意相信他了，这可真奇怪。

闲聊时，小王子听到"我"说小羊吃灌木，他很开心，他觉得也许小羊也会吃猴面包树。因为在他的星球上，猴面包树如果不及时清除，就会疯狂地长大，然后霸占整个星球，所以必须及时清除。

他喜欢看日落，因为他的星球非常小，挪动椅子就能够追上西沉的太阳，有一次，他一天一共看了四十三次日落。他说，当人们感到非常苦闷的时候，总是喜欢看日落。"我"想"我"渐渐了解了他忧郁的性格。

又有猴面包树长出来了，快走！

思思勤思考 ?

1. 为什么大人看不出来"我"画的是什么？

2. 为什么小王子对"我"画的盒子更满意？这能体现出小王子怎样的特点？

我也拔不动了。

我真的吃不下了！

3.为什么土耳其的天文学家第一次发表观测结果没有被通过，第二次却被通过了呢？

4.为什么要及时清理掉猴面包树呢？

拓展思考

你觉得生活中有哪些事物很像猴面包树，如果不及时弄清楚，就会酿成大祸？说说你的理由。

你认为作者对大人和小孩子的态度有什么不同？你是从哪里看出来的？

故事的开头，"我"就划分了两种人：一种是大人，一种是小孩子。大人缺乏理解力和想象力，只关心数字，只会通过数字来判断一切，所以大人看到"我"画的画时，根本不能理解，还需要小孩子来解释，时间久了，小孩子就觉得没有意思了。而小孩子和小王子一样，充满了想象力，愿意去感受这个世界。当小王子看到盒子的时候，他能够根据自己的意愿去想象小羊的样子，想象盒子里真的有一只小羊。这符合孩子富有想象力的特点。大人很难理解小孩子的世界，

身高：xxcm
体重：xxkg
年龄：xx岁
家园：B612星球

也很难用小孩子的方式去看待世界。在小王子看来，"听话"和"拴起来"都是对自由的限制，都让他觉得反感。大人希望孩子听话，想要把小羊拴起来，怕它乱跑惹麻烦。他们并不关心生活中的美好，而是通过服饰来评判别人，用数字来看待世界，他们只关心数字。字里行间我们能够看出

作者对大人的批判、对孩子的歌颂。

紧接着，"我"介绍了小王子的情况，他来自一颗非常小的星球。在他的星球上，及时除掉猴面包树树苗是很要紧的大事。它们起初和玫瑰花的种子以及萝卜的种子没有太大区别，可是一旦被忽视，它们就会以非常快的速度生长，甚至会穿透小王子所在的星球，侵占他的土地，让他没办法正常生活，因此必须及时清除掉。我们生活中是否也有很多事物起初不起眼，可是一旦放任不管，就会侵占我们的生活和心灵，让我们失去正常的生活？比如对手机游戏的痴迷、暴饮暴食、懒惰等。我们可要像小王子清除猴面包树树苗一样，及时改掉这些坏习惯哦！

故事中还介绍了小王子喜欢做的事情是看日落。小王子说当人们感到非常苦闷时，总是喜欢看日落。故事中说小王子的生活"忧郁"，他为什么会忧郁、苦闷呢？故事留下了许多悬念，等待着你去发现。

你还能提出哪些问题？你是如何解决这些问题的？把你的思考写下来吧。

你是谁？

你猜？

思思练写作

基础任务

　　故事中，小王子在一天之内看了四十三次日落，这展现了他的苦闷与忧郁。你还记得故事中哪些细节反映出了小王子的这一形象吗？结合故事及原文，展开合理的想象，写一写小王子看日落的场景吧。

写作提示

1. 小王子在追着看日落时，会流露出什么样的表情？

　　比如：

　　小王子仰着头，目光追逐着迅速移动的太阳，眉头微微皱起，嘴紧紧地抿在一起，他真的很想留住每一次日落。

　　当他看到了美丽的夕阳，他总觉得眼角有些痒痒的、湿湿的，让他忍不住想要擦一擦。他自己也不知道，随着夕阳的到来，他的眉头就会舒展一些；随着阳光的流逝，他的嘴角就会低垂一些。

2. 小王子挪动椅子看日落时，他的动作会有什么样的特点？

比如：

他一边盯着不断移动的太阳，一边用手抓着椅背挪动着位置。没办法，他的星球太小了，他刚在椅子上安稳地坐好，阳光就已经调皮地跑开了。他无奈地看着阳光逐渐从他的视线里消失，只好再次起身来挪动椅子。他总在追寻着阳光，阳光却总是轻而易举地将他丢在身后。

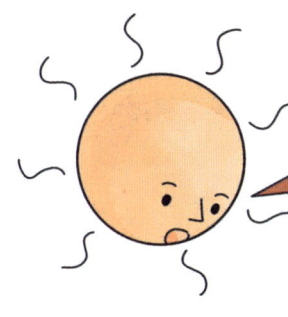

你不用追我，一会我就回来了。

太阳，你等等我！

3. 当小王子苦闷、忧郁的时候，他会想什么，又会说什么话呢？

比如：

当小王子再一次不厌其烦地挪动着椅子追逐落日，他心里忍不住嘀咕："我想多看一会儿落日也不行吗？为什么太阳就不肯等等我呢？"

气急的时候，小王子忍不住直跺脚，大声说出了心里话："太阳，你为什么转得这么快呢？"说完又觉得自己可笑。他就算说得很大很大声，太阳也不会回答他，而且刚才自己一着急，跺脚的力气太大了，把脚下的土地都跺得震了一震，吓得他赶紧蹲下身来安抚自己的小星球："别怕，别怕，我不是在对你生气。"

4. 当小王子苦闷、忧郁的时候，他看到周围的环境是什么样的呢？在他的眼中，落日是怎样的呢？理清思路写一写吧！

比如：

小王子准备放弃了，他抬头对太阳说："好吧，既然你走得这么快，今天我们的约会就到这里吧，我已经累了。不过今晚我会好好睡觉，明天早晨当你再来的时候，再请你给我讲故事吧。"说完，小王子觉得太阳毫无留恋地和他说了再见，一缕阳光也没有留给他。小小的星球陷入了一片黑暗。他想念自己的小羊，可是小羊也好像躲着他一样，任凭他怎样呼唤，也不肯给他一个安慰的声音，就像它从来都不存在一样。小王子的世界，只剩下了他自己。

拓展任务

故事中，大人很难理解六岁的"我"画的那幅蟒蛇吞掉大象的画，孩子也很难理解大人喜欢数字、通过服饰来判断一个人是否可信。你认为作者对二者的态度是怎样的？你赞同作者的观点吗？如果赞同，请结合具体的事情来说说你赞同的理由；如果不赞同，也请给出不赞同的依据。

写作提示

1.作者的态度是什么?

比如:

作者很反感大人那种只通过数字来理解事物、通过服饰来判断一个人是否可信的做法。数字是冷冰冰的,能代表什么呢?他们都不愿意仔细看看那幅画,不愿意动脑筋想一想表面背后隐藏着的是什么。他们不去听那位科学家的演讲,简简单单地就凭借衣服来评判一个人的话,这是多么可笑啊!他们怎么能这么轻易就判断一个人说的是真话还是假话、是对还是错呢?

2.你认为作者说得对吗?当你判断他人观点是对还是错时,你的依据是什么?

比如:

我很赞同作者的观点,我认为判断别人的观点是否正确,应该多去了解别人是怎样表达他的观点的。有时候一个观点听起来好像是不合理的,但只要仔细听完他的论证过程,就能判断他说的话是对的还是错的。如果只是以貌取人,轻而易举地相信或不相信一个观点,那也太不认真负责了。所以我赞同作者的观点。

思思爱总结

本章你需要训练的思维方法：

理解——理解故事的主要内容，理解小王子的形象。

解释——筛选提取文中信息，解释大人和小王子的言行。

比较、分析——比较作者对大人和孩子的不同态度，分析其原因。

概括——概括清除猴面包树的原因，概括小王子的人物形象。

第二章

告别那朵花

本章思维训练

　　通过作者的描述，小王子那朵独一无二的花有什么样的形象特点？小王子对她的态度有怎样的变化？你赞同他的态度吗？

　　"我"迫降在沙漠上已经第五天了，修不好飞机的发动机、找不到食物和水的问题一直困扰着"我"。可是，小王子关心的却不是这些问题。他总是问"我"花儿的刺到底有什么用。"我"想，花儿的刺再尖，它不过是朵花儿，就连最温顺的小羊都能轻易把它嚼碎。"我"在这儿为了生存焦虑，他却只关心刺对于花儿来说到底有什么用。

　　小王子非常恼火，他说："几百万年以来，花儿都长刺。几百万年以来，羊都吃花儿。花儿费了那么大劲儿长出来的刺却毫无用处。想弄清楚为什么，这不是很严肃的事情吗？这不比你们大人爱的数字、加法更严肃更重要吗？再说，如果世界上有一株独一无二的花只长在我的星球上，说不定哪天早晨就被稀里糊涂的小羊一口吃掉了，这难道不重要吗？"

　　说完，他失声痛哭。"我"把面临的饥饿和死亡丢在一边，却不知道怎样安慰他。"我"才知道，他的星球上原本只有一些单瓣的素色的小花，不知道从哪一天起，一粒花的种子落到了他的星球上，慢慢悠悠地生长，不紧不慢地长出了花骨朵儿。她在自己绿色的闺房里精心挑选着颜色，从容不迫地穿戴，终于绽放，她是那样娇媚，小王子是那样爱她。

　　可是这花儿不大谦虚，还总爱耍小性子，一会儿要早餐，一会儿要屏风，一会儿还要用玻璃罩在夜晚把自己罩起

来。她总是张牙舞爪地挥动全身上下仅有的四根刺，并且声称它们能抵御狮子和老虎的进攻。

小王子很快就觉得心烦意乱，准备出门远行。他打扫好了自己的小星球，把两个活火山口清理干净，又拔掉了新冒出来的猴面包树树苗。和花儿道别的时候，花儿却没有再说责备他的话，而是向他道歉，希望他能获得幸福。她拒绝了小王子的玻璃罩，她说自己没有那么弱不禁风，还想认识认识蝴蝶，希望有蝴蝶来看她。

她催着小王子动身，是怕他看到自己的眼泪，可是这一切都是小王子离开后他才意识到的。他很后悔之前自己很不善解人意，仅凭话语去评判花儿，而不是从花儿的行为看出她有多爱他。他说："花儿带给我芬芳和光彩，我绝不应该逃离！我早就应该猜到她的小伎俩背后的温情。可是我太年轻，不知道该怎样去爱她。"

不管怎么说，小王子还是离开了他的星球和花儿，去其他星球旅行了。

你爱开不开！

你走了我开给谁看？呜呜呜！

1. 小王子为什么和"我"产生矛盾？

2. 花儿有什么特点？（可以结合原文来回答）

3. 小王子为什么离开自己的星球？

4. 小王子的态度发生了怎样的变化？

拓展思考

　　你认为故事里的花儿在现实生活中存在吗？作者借花儿的形象来描绘什么样的人呢？

　　你如何看待小王子态度的转变？

　　你认为故事中的"我"对饥饿和死亡的担忧与小王子对花儿的担忧哪个更重要？为什么？

　　故事的一开始作者就描绘了一场争吵，小王子认为搞清楚花儿长出刺有什么用是非常重要的，可是"我"却因为修不好飞机、找不到食物和水而烦躁不安，没有心情思考小王子的问题。"我"认为自己在进行非常严肃认真的思考，而小王子的问题有些无理取闹。可是对小王子来说，这朵花儿在他的星球上是独一无二的，他很担心小绵羊会稀里糊涂地一口把花儿吃掉，这样对于他来说，就像满天星辰都熄灭了。因此，他想搞清楚花儿长出来的刺到底有什么用。

　　"我"理解了小王子的担忧后了解到这朵花儿对于小王子来说是独一无二的，她和其他的花儿都不一样，她娇媚、芬芳，但是也高傲、爱慕虚荣、爱耍小性子，她总是对小王子提出很多的要求，让小王子感到心烦意乱。所以有一天小王子觉得自己受够了折磨，准备离开自己的星球，没想到花儿却一改常态，主动道歉。她看起来是那么伤心，小王子这才意识到自己没有懂得花儿的心。看待一个人不应该只从她说的话来判断，还应该去体会她所做的事情，原来花儿的这些任性和要求都是爱小王子的表现。

　　联系作者的生平经历，很容易由花儿联想到作者的妻子。在作者看来，花儿就像是妻子，平时会有这样那样的小

毛病，扰得他心烦意乱，他们的关系曾经一度出现了问题。
但是他也意识到，很多的小毛病都是妻子出于对他的爱，是
妻子表达爱意的一种方式。他更应该从妻子的行为中感受到
爱意，回应爱意，而不是只听妻子说了什么，就对妻子做出
不公正的评判。这是作者从一个男性、丈夫的视角对妻子形
象的理解。

　　但不管怎么说，小王子已经离开了家，开始了他的漫游生活。小王子到了哪些星球？又遇到了哪些人呢？赶紧翻开书去一探究竟吧。

思思练写作

基础任务

　　故事中小王子通过描述花儿的语言、花儿的神态和动作来展现花儿的形象特点。你身边有哪些有个性、有特点的同学呢？他的个性特点是什么？你是通过他的哪些语言、行为、神态感受到的呢？请你写一写吧。

写作提示

1. 你的同学有怎样的个性特点？

你的同学是性格豪爽、爱玩爱闹但同时也容易发脾气呢，还是经常愿意发表评论呢？你的同学是个关不上嘴的健谈者，还是个不愿意多说话的安静者呢？你同学的个性特点是你写作的中心，你可以暂时隐藏这一特点，让读者自己去发现；也可以在文章的一开头就告诉读者，给读者留下深刻的印象。不管是哪一种，在写作之前，我们心里一定要清楚。

比如：

我的同学特别健谈，还特别爱唱歌，总梦想成为一名歌唱家。

2. 他做的什么事，说的什么话，或者有哪些表现能印证他的个性特点？

比如：

课间休息时，他总爱拉着同学们滔滔不绝地分享最新听到的歌曲，甚至当场哼唱几句，还会手舞足蹈地模仿歌手的动作。班级有活动时，他一定是第一个举手表演的人，哪怕没有伴奏，也能自信地清唱一整首高难度歌曲，唱到高潮处还会闭着眼睛陶醉，仿佛置身演出现场。他说话也总带着音乐人的浪漫，比如，他会说："今天的阳光像C大调一样明亮！"或者抱怨作业太多时，他会开玩笑地说："我的脑子现在是一盘卡带的B面，全是杂音！"就连走路时，他都习惯性地用脚尖打着拍子，偶尔还会突然来一段即兴的说唱音乐，逗得大家哈哈大笑。他的热情和梦想，就像他的歌声一样，充满感染力，让人忍不住为他加油鼓气！

3. 你可以写一写你是怎样看待这种性格的，这样的性格特点会造成什么影响，或者别人对他是怎么评价的。

比如：

这个同学就像一团跳动的音乐之火，用热情感染着身边的每个人。课间时分，他总能用美妙的歌声带动全班气氛，是大家公认的开心果。站在台上表演时，他全身心投入的模样特别能打动人，就算没有伴奏也能用清唱征服观众。虽然有时会因为太过投入而忽略场合，但他对音乐纯粹的热爱和敢于表现的勇气，确实为平凡的校园生活增添了许多欢乐的色彩。

拓展任务

小王子对待花儿的态度有了很大的改变，在离开星球之前，他觉得花儿给他带来了很大的负担，所以他想要离开。可是在他离开之后，他才明白，原来花儿只是用这种方式来表达自己的爱。你有没有对什么人或者什么事情改变看法的经历？有的时候改变是突然的，有的时候更多的改变可能是在不经意间发生的，直到很久你才恍然大悟——原来你的想法早就改变了。请你回忆生活中的一些改变，分析产生变化的原因。

1. 说说你的改变

比如：

小时候你非常喜欢看一部动画片，你曾经觉得它非常好玩，还经常模仿里面人物的标志性语言和动作。可是不知道从什么时候开始，你已经不想再看它了。这是为什么呢？

比如：

有一段时间你热衷于收集各种好看的卡牌，不同颜色、不同形状、不同系列、不同图案……可是有一天你突然发现这些卡牌没有实际的用处，所以你不会再把零花钱花在买卡牌上了。但是当初你为什么会迷上卡牌呢？你又为什么会突然改变想法了呢？

再比如：

前面例子中那个爱唱反调的同学，或许有一天你也会对他的看法发生改变吧。

去发现你身上的改变吧。

2. 分析改变的原因

任何的改变都是有原因的，可能只是你还没发现。当你注意到某件事情发生了变化，仔细分析其中的原因，说不定就能发现一些事物发展的规律。能够分析自己改变的原因，说明你能够更好地认识自己、认识这个世界，说明你正在成长。如果你能够意识到自己的改变和背后的原因，说不定会更有利于朝自己理想的样子去成长。

比如：

我小的时候喜欢看色彩鲜艳、人物形象可爱、台词少、故事简单的动画片，因为这样的动画片我更容易理解。但是，随着年龄的增长，我在学校学到了更多的知识，这丰富了我的见识，我会更喜欢人物形象复杂丰满、故事曲折生动的动画片。也许以后我不爱看的影视剧作品，也会有很多优点被我捕捉到呢！我发现周围的同学跟我也很相似，我们小时候爱看的动画片都很像，现在我们爱看的动画片也很像。这就说明每一部动画片都有适合的年龄层。我们过了这个年龄，可能就没有以前那么喜欢了，我们可能也会喜欢上新

的、适合我们这个年龄看的动画片。

再想一想，我们这个年龄喜欢看什么类型的动画片或者影视剧作品呢？这些动画片或影视剧作品有哪些共同之处呢？我们可以做个小调查，这样我们就会有新的发现。

思思爱总结

本章你需要训练的思维方法：

总结——综合搜集的信息，总结、概括"我"和小王子产生矛盾的原因以及小王子态度的转变。

比较、分析——对比"我"的观点和小王子的观点并加以分析。

评价——评价"我"和小王子的观点。

联结——联系现实，观察生活，发现自己的"改变"，探究背后的原因。

第三章

游历众星球

本章思维训练

　　小王子游历了六颗星球，碰到了六个人，他们分别是谁？代表了什么类型的人？你喜欢他们吗？为什么呢？

思思讲故事

　　小王子离开了自己的星球和那朵小花以后，开始了旅行。第一站是第 325 号小行星，那上面住着一位国王，穿着白貂皮大紫袍，端坐在非常简陋又不失威严的宝座上。他喜欢发号施令，要求他的臣民必须听他的号令。其实他谁也统治不了，如果别人不遵从，他就会立刻改变号令。小王子觉得，大人真是很奇怪。

　　第二颗星球上住着一个爱慕虚荣的人。在他的眼里，所有的人都是他的崇拜者。他时刻准备着向那些欢呼的人回礼，可是星球上只有他一个人。这个爱慕虚荣的人哀求小王子崇拜他，小王子压根儿不理解为什么这个人如此看重别人的崇拜。

　　第三颗星球上住着一个酒鬼。他不停地喝酒，就是为了忘却。小王子问他："你想忘记什么呢？"酒鬼却说："为了忘却自己因为酗酒产生的羞愧之心。"小王子只好疑惑重重地离开了。

　　第四颗星球上的商人一直在忙着算数，压根儿抽不出身来看一眼小王子，也没有时间管熄灭的香烟。小王子疑惑地问他在算什么，商人说："我是个认真严肃的人，我在计算拥有的这些闪闪发光的星星。"小王子问他："你拥有这些星星要干什么呢？"他说："什么也不干，就是拥有这些星星。"这个商人拥有这些星星，却认为这些星星毫无作用，大人真是奇怪。

　　第五颗星球是所有星球中最小的一颗，只容得下一盏路灯和一个点灯人。这个星球一分钟就是一天，这个点灯人就要不停地点灯、熄灯，一刻也不得闲。小王子问他为什么，他说："不为什么，这就是指令。"小王子虽然听不懂，却想

起了自己曾经为了追逐落日而不停地挪动椅子的情景。小王子本想帮帮他，可是星球太小，容不下两个人，他只好又踏上了旅程。其实，他内心深处觉得遗憾的原因是那颗星球每二十四小时就有一千多次的日落。

　　第六颗星球很大，上面住着一位年迈的地理学家，他

虽然学识渊博,可是连自己身处的星球有多么美丽都不得而知。他只记录那些有充分证据、永世长存的事情,而不去记录转瞬即逝的美丽。他建议小王子可以去地球看看。小王子心里却惦记着他的那朵花儿,因而第一次产生了悔意。

您的星球哪里最美呢?

我无法告诉你。

1. 小王子去的六个星球上住了哪六个人？

2. 这六个人各自有什么类型的特点？

3. 这六个人分别代表了什么样的人呢？

4. 小王子最尊敬谁，又最想和谁做朋友呢？

拓展思考

　　你有没有注意到，小王子对遇到的这六个人都有一个共同的感觉？你能说说这六个人奇怪的地方在哪里吗？在你的认知里，他们的问题是什么呢？

　　有人说，这六个人分别代表了成年人的六种"问题"，你能说说作者通过描绘这六种奇怪的人，表达了怎样的人生态度？

本章情节结构比较清晰，描述了小王子六段游览的经历。他遇到了六个人，分别是国王、爱慕虚荣的人、酒鬼、商人、点灯人和地理学家。他们六个各有各的特点。

国王不停地发号施令，虽然他的星球上除了他自己没有别人了，但是他的星球上的一切都得服从他的号令。其实，他除了自己，谁也命令不了。但是他却一定要命令别人，显示自己的权威。在小王子看来很奇怪，在别人看来却似乎很可怜。

爱慕虚荣的人希望全世界都崇拜他，享受被别人崇拜的感觉。当小王子说他的星球只有他自己的时候，他就哀求小王子来崇拜他。可是崇拜哪里是求来的呢？

酒鬼不停地喝酒，就是为了忘记自己因为酗酒而产生的羞愧之心。他已经陷入了一种可悲的循环之中。其实他要做的只不过是停止喝酒。这样，他就不会产生羞愧之心，也就不需要忘记了，可是他却无法打破这样的循环。

商人不停地计算着星星的数量，忙得没有时间和别人打招呼，也没有时间做其他的事情。他说自己拥有这些星星，可是这种拥有对星星来说一点儿用也没有。他就像那些贪婪的人，拥有了再多的东西，这些东西只是放在那里，并不能创造任何价值，他却为此赔上了自己一生的时间，错过了生命中很多更重要的事情。

第五个人是个点灯人，他每天做的事情就是不停地点灯、熄灯，想休息却从来也没有休息过。这位点灯人不停地劳作却不是为了自己，他只知道劳作却不会休息。

第六颗星球又大又美，可是生活在这颗星球上的这位地理学家却只研究永世长存的东西，不知道自己所处的星球有多美，更不愿意去记录那些转瞬即逝的美丽。

这些人在小王子看来都是很奇怪的大人，他都理解不了，但是点灯人让他联想到了自己曾经为了看日落而不停地挪动椅子的行为，因此，他是愿意和点灯人做朋友的。只是他的星球太小，容不下第二个人。而那位年迈的地理学家很博学，他的星球也很美丽，小王子向他请教了接下来可以去哪里旅行，才有了后面和"我"在沙漠中相遇的故事。"我"和小王子相遇后又发生了什么故事呢？赶紧翻开下一章去读一读吧。

思思练写作

基础任务

　　故事中这六颗星球上的人都有自己的个性，他们做的事情、说的话都体现着自己的个性特征。在写作中，只有抓住人物最明显的个性特征，才能够塑造出与众不同的角色。你是这个世界上最了解自己的人，那么你最主要的性格特点是什么呢？你通过哪件事意识到了自己有这个特点呢？请你写一写吧。

写作提示

1. 明确要写的个性特征

　　你可以自己在纸上写一写自己的个性特征，还可以去采访你的家人和朋友，看看你自己认为的个性特征和身边的人眼中的你是不是一样，说不定会有意想不到的发现。

　　确定好自己要写的个性特征，这就是你文章的中心了。你可以开门见山地把它展示给读者，也可以把它隐藏起来，在文段的结尾再揭开谜底。你还可以自始至终都不露痕迹，请读者根据你的描述自己猜出答案。

比如：

爱哭、爱笑、勇敢、坚强、倔强、贪玩、爱干净、争强好胜、害怕冲突、爱思考……

虽然每个人的个性都是复杂的，不是单一的，但是可以从自己独特的个性中选取一个来重点描述。

2. 回忆一个最能印证你这个个性的事件

它也许来自你同学或家人的一句评语，也许来自你的恍然大悟，也许来自你对自己长期的观察。如果你还没有观察过自己，不妨趁此机会观察观察自己，说不定会有很多意想不到的发现。从现在开始，你可以留心自己做出的选择、做事的方式或经常说的话，你的个性特点可能就藏在这些瞬间里。

比如：

我发现我真的有与众不同的地方。每到比赛、考试或者重大场合的时候，我都不会觉得紧张，反而会感觉特别兴奋。

有一次学校举办羽毛球比赛，正好我的爱好之一就是打羽毛球，所以我兴奋地报了名。课间休息的时候我就会忍不住拎着羽毛球拍冲出教室。虽然时间很短，打不上几个回合，但是我非常享受打球的这几分钟。回到课堂上，我甚至感觉听课的效率都提高了。体育课、活动课我更是不能放过，只要老师宣布自由活动，我都会拉着愿意陪我打球的同学一较高下。到了比赛那天，我感觉自己的心怦怦直跳，期待着裁判喊开始。而我看到我的对手，不停地深呼吸，一直在候场区走来走去，连我都感觉到了他的紧张。

即使技不如人输了比赛，我也不会感到特别悲伤，反而会开始期待下次比赛能战胜对手。当我把这种想法分享给身边的人时，他们竟然都不理解。我这才知道，原来这是我独有的个性。但是，我非常喜欢这种个性，它让我不惧挑战，期待未来的各种可能性。

不惧挑战！

3. 用更多的例子来证明你的个性

如果你还能找到更多的例子来证明你的这种个性，读者就能感受得更全面深刻。除具体的事件外，主人公还说过哪些话、做过什么事来彰显这一个性呢？

比如：

期末考试前，我的前桌抱怨说："哎呀，要是不用期末考试直接放暑假就好了。一想到放暑假就开心，可是一想到期末考试就好紧张啊。"可是我却不这么想，这个学期我一直在努力学习，正好可以通过考试看看我学习的知识掌握得怎么样，如果有一道难题在考场上被我解了出来，我肯定会特别开心。我的前桌听到我的观点，一直说好羡慕我的心态，这可能就是我与众不同之处吧。

拓展任务

小王子遇到的这六个人各有各的特点，作者借小王子之口表达了对他们观点的否定。那么在小王子遇到的这六个人里，你最反对谁的观点？在现实生活中有没有这种人？如果现实生活中你遇到了这种人，你会如何反驳他呢？

写作提示

任务中的六个人代表着成年人不同的观点或逻辑，你可以选择任何一种观点进行反驳，但最重要的是你要弄清楚这个人所代表的观点是什么，然后根据自己的观点来驳斥对方。注意要有理有据，理由充分。

1. 明确观点

比如：

我最不认同那位地理学家的观点。

或

我认为那位不停修改命令的国王很可怜。

或

我很同情那位不停点灯、熄灯的点灯人，他很想休息，却从来没有停下来过。他自己一个人在那颗小星球上日复一日地劳动，却没有人看到，但是我不赞同他的做法。

2. 说明理由

在说明理由的时候，你可以反驳那个人观点不合理的地方，也可以把这几个人放在一起对比，还可以联系现实生活，用生活经验来驳斥他。

比如：

我最不认同那位地理学家。其他人的星球都很小，能够容纳的事物很有限，而这位地理学家的星球却很大，并且很美。他本来拥有的美景比别人多，可是他一味地追求远方的永世长存，却不肯走到窗外去看看他拥有的美景，这就是一种浪费。在故事中，他不是不知道花儿很美，可他仅仅因为花儿是"稍纵即逝"的就不去欣赏花儿，他看待世界的角度太单一了。

一朵花儿的生命是很短暂的，它生长在这个世界上，尽自己的努力绽放。如果它身边没有人经过，对它来说也是努力绽放过了。可是对于一个经过它身边的人，知道它有多美丽的人，如果不全神贯注地欣赏它的美，也是一种浪费。虽然对于那位地理学家来说，花儿的美只是一瞬间的事情，可是对于陪伴那朵花儿的小王子来说，却是永恒的。他无论走到哪里，都会想起那朵花儿，惦念着它过得好不好。那朵花带给他的感动、幸福都会长久地留在小王子的记忆里。丰富多彩的人生正是由这些记忆构成的。那位老态龙钟的地理学家虽然拥有那么美丽的花园，却不知道自己错过了多少美丽的风景，真是太可怜了！

3. 如果你能再说说这件事给你的启发，文章就会更深刻

比如：

读完这个故事，我想起了自己的好朋友，我们一起学

习，一起游玩，我们参与了对方很多重要的事情，我们分享过很多喜怒哀乐。所以，将来就算我们去了不同的中学和大学，将来不在同一个地方生活，一想起来他带给我的陪伴和感动，就会觉得很幸福。因此，我觉得这位地理学家很可怜，那么大的星球，本来可以容纳很多人，却只有他自己，他都不知道自己拒绝了多少美好。

你想反驳谁的观点呢？想一想你为什么最反对他的观点吧。

思思爱总结

本章你需要训练的思维方法：

概括——概括小王子游览的六颗星球上六个人的特点。

质疑——质疑每个人的观点有什么奇怪的地方。

反驳——有理有据地反驳别人的观点。

联结——联系现实，观察生活，建立起故事与生活的联系，指导生活。

第四章

驯养了狐狸

本章思维训练

小王子懂得了"驯养"的含义后看待玫瑰花的态度有什么变化吗？这种变化是因为什么产生的呢？

　　小王子听从了地理学家的建议来到了地球上，不过他降落在了一处荒无人烟的地方，只有一条金黄色的蛇在蠕动。蛇问他来地球干什么，小王子说自己和一朵花儿闹了别扭，并问蛇人类都到哪里去了，自己一个人有点孤独。蛇说："在人类那里也同样孤独。所以如果哪天你特别想念自己那颗星球，我就可以帮你。"

你来我们地球干什么？

　　小王子穿越过沙漠，遇到了一株花儿，便询问人都在哪儿。花儿说："人嘛，天晓得，他们随风飘游，没有根，活得很累。"小王子继续走，又遇到了一座高山。不管他向高山问什么，高山都只会把他的话重复过来。真是古怪的星球，人们都缺乏想象力，只会重复别人的话。

小王子穿过沙漠，越过岩石和雪原，碰到了一座盛开的玫瑰园，他才发现自己星球上那朵花儿原来不是独一无二的，这里分明盛开着许许多多一模一样的花儿。想到这里，他痛哭起来。

你们是用分身术了吗？

这时出现了一只狐狸，小王子本想和他一起玩，可是狐狸说他没有驯养自己，不能一起玩。小王子很好奇，什么是"驯养"呢？狐狸解释道："驯养就是'建立关系'，没有驯养之前，你和千千万万个小男孩没有区别，如果你驯养了我，我们就是彼此的世上唯一了。"小王子想到了自己的花儿，想必那朵花儿已经驯养了自己。

狐狸接着说："如果你驯养了我，我的生活就会充满阳光，我会因为你的脚步声而感到幸福。看到麦田就会想到你金黄色的头发，我也因此爱上了风吹麦穗的声音……"

过了很久，狐狸请求小王子驯养自己。小王子答应了狐狸。狐狸说："请你每天都靠近我一点点。最好每天同一时间来找我，这样临近约定的时间我就会欢喜，可是如果过了时间，我就会不安。"

就这样，小王子驯养了狐狸，可是离别的时间临近了，狐狸感到悲伤。小王子不理解狐狸的悲伤，狐狸让他去那片玫瑰花田再去看一看，回来的时候会送他一个秘密作为礼物。

这一次小王子看到那些玫瑰花，想起自己曾经为自己那朵玫瑰花做的事，想起他们曾经相处的时光，他发现自己的花儿跟这里的玫瑰花都不一样，她才是与众不同、独一无二的。等到他回去见狐狸，狐狸告诉他："这个秘密就是，人

别小瞧智慧的秘诀。

狐狸，我的礼物就是一句话啊？

只能用心去观察。本质的东西，眼睛是看不到的。为了你的那朵玫瑰花，你花费了时间和精力，她于你就变得非常重要了。经你手驯养过的，你要永远负责，要尽心尽责地对待你那朵玫瑰……"

小王子又重复一遍，以便牢记于心。

1. 小王子来到地球后分别遇到了什么？

2. 小王子第一次来到玫瑰花园时为什么会伤心痛哭？

3. 什么是驯养？

4. 小王子在驯养狐狸以后，狐狸为什么看到金色的麦田会觉得幸福？

5. 狐狸告诉小王子的秘密是什么？

拓展思考

小王子在驯养狐狸前后看待玫瑰花的态度有什么不同？为什么会产生这样的变化？

你是如何理解狐狸的秘密的？他说得对吗？

在西方的文化中，蛇是充满智慧而又神秘危险的。小王子来到地球后最先碰到的就是一条金黄色的蛇。蛇告诉他人类那里也很孤独，如果小王子特别想念自己的花儿，他可以帮小王子回到自己的星球。

小王子继续走，又碰到了一朵小花。在小花的眼里，人就是飘忽不定的、没有根的家伙。紧接着他又碰到了一座高山。他无论问高山什么问题，高山都把他说的话回传给他。小王子觉得地球上的人太缺乏想象力了，他们只会说别人说的话。这三次相遇就反映了作者眼中的人类：虽然聚集在一起，却仍旧孤独；整天走来走去却飘忽不定，不知道为什么在奔走；人们缺乏

你好，我是小王子！

你好，我是小王子！

想象力，只会人云亦云。

紧接着小王子遇到了狐狸，理解了什么叫"驯养"，驯养就是和别人建立起关系。当他关心别人、为别人付出爱时，那个人在他心里就会变得与众不同。真正本质的东西不是通过眼睛看出来的，而是要用心去体会。小王子懂得了这个道理之后再去看玫瑰花园里的玫瑰花，发现它们和自己的那朵花都不一样。因为他没有为这些花浇过水、除过虫、日夜担心过，所以这些花对他来说并不重要。但是，他却时常惦念自己的小花，关心她过得好不好。他明白了，原来这就是"驯养"，他要尽心尽责地对待他的那朵玫瑰花。

小王子和狐狸道别了，继续他的旅程。这一次，他会遇到什么人，发生什么故事呢？翻开下一章，一口气读到故事的结尾吧！

思思练写作

基础任务

故事中狐狸描述了自己被驯养后与平时不同的心情：因为约定见面的时间即将到来而越来越兴奋、期待；能分辨出小王子的脚步声和其他人脚步声的不同，并且觉得小王子的脚步声像音乐一样美妙；从前毫不关心的麦田因为金黄色的颜色像小王子的发色而变得与众不同，他会因为联想到小王子而爱上了风吹麦浪的声音……你有没有特别喜欢的人或者事物？你有没有因为特别喜欢某个人或者事物而产生很多特殊的心情？试着留意这些不寻常的心情，并把它们表达出来吧！

写作提示

1. 你可以先用简洁的语言说说你所喜欢的人或者事物

比如：

我从小到大最喜欢的就是汽车模型，只要有机会我就会收集各种各样的模型。

或者：

我非常喜欢我最好的朋友。我们一起去参加拓展活动，我血糖有些低，很不舒服，有的同学埋怨我耽误了小组的进度，是他站出来为我说话，还帮我找到了一颗糖果，陪着我直到拓展活动结束。我们是最后到达终点的，但是他始终都没有埋怨过我。从那以后，我就非常喜欢他，觉得他是一个非常好的人。

2. 列出心理过程

心理描写是最能直观地反映人物想法和思想的手法。运用心理描写有助于展现人物的内心活动，刻画人物形象。因此，本章的重点就是练习心理描写。心理活动通常都是伴随着事件展开的，因此，你可以尝试在描写事件

我真是不喜欢这个模型呢！

发展的过程中增加心理感受。在此之前，你可以先列出事件的重点节点和对应的心理感受。

比如：

我看到了喜欢的汽车模型——兴奋、激动。

看到价格——惊讶、盘算、灰心。

妈妈说可以用零食来换——高兴。

…………

3. 详细描述因为某个人或者事物产生的种种心理活动

你可以写自己的想法，也可以写自己的感受。

比如：

有一次，当我看到一家商店里摆着一台我从来没见过的汽车模型时，我感觉我激动的心都要跳出来了。我请求妈妈让我在展台边多看一会儿。模型上闪亮的车漆就像一只小锤子，轻轻地敲着我的心。车灯浑圆，还能发光，那光就好像照在了我的心上。车座椅软软的，就好像小猫小狗的后背，摸起来非常舒服。可是当我看到售价的标签时，我的心仿佛在冷冷的冰雨里淋了一夜，那是我买不起的数字。那一瞬间，我的脑海里列举了好几种可能性：如果我做些小手工来卖，会不会有人买？如果把我的汽车模型都卖来换钱，我会不会不舍得？哪些是可以卖掉也不会心疼的？会不会因为是二手的，所以卖不上好价钱呢……

直到妈妈看出了我的喜欢和纠结，她想了一会儿之后说："这样吧，两个月不吃零食换这个模型，你愿意吗？"

"我愿意，我愿意，我太愿意了！"那一刻，我觉得自己就是全世界最幸福的人了。

拓展任务

　　在驯养狐狸之前，小王子因为发现自己的玫瑰花不是独一无二的而感到伤心欲绝，甚至痛哭流涕。但是，在驯养狐狸之后，他明白了自己的玫瑰花就是独一无二的。因此他再去看玫瑰花时的感受完全不一样。你认为造成这两次看玫瑰花的感受完全不同的原因是什么？由此展开联想，你认为什么是"爱"呢？如果能结合自己的生活实际说一说就更好啦。

写作提示

1. 写作之前明确观点

写文章要表达出明确的观点，因此，在写作之前你应该想清楚自己的观点和看法是什么。为什么小王子前后两次去看玫瑰花内心的感受完全不同呢？前一次他是因为自己的玫瑰花和地球上这些玫瑰花没什么两样而哭泣，后一次他却真切地感受到了自己那朵花的不同。

比如：

我认为小王子以前并不懂什么是爱，是在狐狸告诉了他"驯养"的道理之后，他才明白是自己投入的时间、精力让他的那朵花儿与众不同的。他不会去想念别的玫瑰花，也不会因为别的玫瑰花伤心难过。所以我认为"爱"应该是付出，付出时间，付出精力，付出爱。

你也来给我们浇水捉虫吧！

打扰了，告辞……

2.结合现实生活证明你的观点

比如：

从小到大我们都心安理得地享受着父母对我们的爱，我们以为父母对我们无微不至的照顾才是爱，父母满足我们的心愿才是爱，父母凡事以我们优先才是爱……原来付出爱才是"爱"，接受爱是"被爱"呀。

我爱拼拼图，所以我花时间去选拼图，花精力去拼拼图，学习拼图方法，给拼好的拼图刷胶水，又给拼图加相框，挂到墙上……这些劳动让我的拼图与众不同，这才是爱。我爱读书，认认真真、津津有味地读书才是爱，读完以

后感觉打开了新世界的大门才是爱，而仅仅把书买回来放在书架上并不是爱。那么我对父母、对亲人、对朋友、对老师、对同学的爱，也应该是我为他们花时间、花精力，对他们好，为他们付出，看到他们开心，我也感到开心。

3. 对现实生活的影响和改变

比起赞同还是反对别人的观点，更重要的是形成自己的观点和见解。想要形成自己的观点和见解，并产生深刻的理解，需要对现实生活进行观察和反思。任何一个观点或见解对于生活实践有帮助才是有意义的，所以可以在文章中介绍某个观点对自己的生活有哪些影响和改变，这样文章会更有深度。

比如：

仔细想想，我好像从来没关心过妈妈爱吃什么、爸爸喜欢什么。我生病的时候，会理所当然地认为爸爸妈妈就应该好好照顾我，不等我说他们就把我想要的食物准备好放在我的床头，可是当爸爸妈妈生病的时候，我却从来没有想过他们是不是也会不舒服，他们是不是想要多睡一会儿。在我的世界里，好像爸爸妈妈从来没生过病一样。我想要知道妈妈爱吃什么、爸爸有什么兴趣爱好，我想要在爸爸妈妈生病的时候照顾他们，为他们做一些力所能及的事情，这样他们一定会很开心吧。

你还有什么新鲜的观点？你是否赞同那个观点？观察你的生活，你会有更多的新发现。生活会为你提供源源不断的写作素材。

思思爱总结

本章你需要训练的思维方法：

梳理——梳理小王子来到地球以后遇到的人或事物。

理解——理解小王子碰到的事物有什么样的含义。

对比——对比小王子在驯养狐狸前后对自己的玫瑰花有什么不同的感受。

联结——联系现实，观察生活，建立起从故事到生活的联系，指导生活。

第五章

再见小王子

本章思维训练

地球上的人们在寻找什么？在哪里能找到？故事告诉了我们什么道理？

　　小王子告别了狐狸，又开始了在地球上的旅行。他遇到了一位扳道工，负责把疾驰而过的列车送往左边或者右边。小王子问他："人们这么匆忙地赶路，在寻找什么？"扳道工说："开火车的司机也不知道。他们在哪儿都不满意，坐在车厢里不是打哈欠就是睡觉。"

　　小王子又碰到一个卖"止咳丸"的商人，吃了这种"止咳丸"就能大大节省喝水的时间。当小王子把这个故事讲给"我"听的时候，"我"和小王子已经相遇八天了，而"我"也喝光了最后一滴水。

　　小王子答应陪"我"去找水喝。路上，小王子欣赏着星星的美，夸赞着沙漠的美。"我"突然领悟了他的意思。"我"小时候的住宅流传着里面藏着宝藏的传说，这让"我"觉得那座古宅神秘莫测，是那些看不见的东西让事物更美。

　　小王子睡着了，"我"抱着他，心想，"我"看到的不过是一具躯壳，最重要的是看不到的。"我"的心里生出了要好好保护小王子的念头。找到水井后，"我"又担心他身体娇弱，干不来打水的粗重活儿，就打来井水给他喝。奇怪的是，"我"觉得那井水甘美无比。正是因为我们经历了干渴，不断寻找水源，并且通过放下水桶、一点一点摇动水井的辘轳，将水打上来的过程，才使得井水显得格外甘甜。

真甜呀！

　　"我"给小王子的小羊画上了嘴套，小王子告诉"我"，他要走了。原来我们的相遇不是偶然，小王子在沙漠徘徊是因为他在寻找当初降落地球的地方。他竟然和一条金黄色的毒蛇在交流如何回到他的星球！"我"感到难以名状的悲伤，想起了小狐狸说的话："如果被谁驯养，分别时难免伤心流泪……"

　　第二天，"我"修好了飞机，也可以回到"我"的家了。而小王子告诉"我"，以后"我"每一次仰望星空，就会因为他生活的那颗星球的存在而爱上星空，以后每一次打开窗子看到满天星斗，"我"就因为想起他而开心微笑，这就是他

谁，谁在想我？

送给"我"的礼物。之后，他毅然决然地走向了那道金黄色的闪电。

可是"我"忘了给小羊的嘴套画上皮索，不知道小王子能不能保护好他的那朵花儿。六年了，"我"还是常常想念小王子，如果你到沙漠上，可以在那里等一等，说不定会有个黄头发戴围巾的小男孩在朝你微笑，到时候你一定不要忘了给"我"写信，不要让"我"苦苦地思念……

1. 小王子碰到扳道工和商人的片段侧面展现了地球上的人有什么样的特点？

2. 为什么要写"我小时候居住的古宅散发出神秘的魅力"这一情节？

3. 联系前文，小王子为什么要回到自己的星球？他是以什么方式回去的？

4. 为什么知道小王子要回去以后，"我"那么悲伤？

5. 如何理解狐狸所说的"驯养"？

拓展思考

为什么沙漠里的井水无比甘甜？人们在寻找的是什么？应该如何去寻找？本章的故事说明了什么样的道理？

思思助理解

本章是《小王子》故事的最后一部分。小王子为"我"讲述了遇到扳道工和卖"止渴丸"的商人的故事，以及在"我"的饮用水也喝完了，我们一起去沙漠里寻找水源的过程中，"我"理解了"本质的东西，眼睛是看不到的"这句话的深刻含义。可是小王子要回到他的星球去了，"我"感到无比悲伤。

扳道工负责的工作是根据列车的目的地变换轨道的方向。一趟又一趟的火车南来北往，匆匆忙忙，但是没有人知道这些人要去什么地方，去寻找什么。这些疲惫的旅人坐在火车里不是打哈欠就是睡觉，盲目地疲于奔命，却不知道自己到底想要找到什么，在哪里才能找到。

而商人售卖"止渴丸"是因为服用这颗"止渴丸"能节省人们喝水的时间。这就更可笑了，口渴喝水是每个人都会产生的生理需求。人们连喝水的时间都要节省出来，却把时间用在不知道为了什么而奔忙上。人们终其一生不过是寻找幸福，可是人们却手忙脚乱，原地打转，忘记了自己为什么而奔忙，也感觉不到幸福。因为他们不懂得真正本质的东西用眼睛是看不到的。

"我"非常喜欢小王子，是因为喜欢小王子那具孱弱的

"止渴丸"怎么吃呢?

用水服下。

躯壳吗?很显然不是。那是"我"用眼睛能看到的东西。小王子每次仰望星空的时候都会赞叹星空的美丽,那是因为他的那朵独一无二的花儿就在夜空中某颗闪烁的星星上。这让"我"想到了自己曾经居住过的古宅,传说那座古宅里隐藏着一笔财富,可是没有人找到过。正因为有了这个传说,那座古宅给人的感觉神秘莫测,非常独特。

"我"和小王子长途跋涉去寻找水源,在我们需要的时候出现了水井和打水用的工具,"我"因为担心小王子身体孱弱干不了打水的重活,而帮助小王子打来了井水。正是因为这些经历,小王子喝到水的时候,想到的是我们一起的经历,是"我"对他的真诚的心意,是这些让井水不只是井水,而有了更深刻的意义。如果我们只是把它当作寻常的水,就会忽略掉我们的相处、我们的情谊。

原来，这就是狐狸所说的"本质的东西，眼睛是看不到的"。人们即使在花园里种植了五千朵玫瑰花，也感觉不到幸福，因为他们不知道感到幸福的是对花儿的欣赏、担忧，是为花儿做的浇水、除虫、防风的工作，所以人们即使奔忙得再远再辛苦，他们也不知道幸福其实不在别处，就在自己的手中。

而"我"终于明白了这个道理，也知道了和小王子的相遇不是偶然，是因为小王子一直在沙漠里寻找着当初降落的地点，他想要回去找他的那朵花儿。我们的分别让"我"非常难过，因为不知不觉间，我们共同相处的经历，让我把小王子当作了自己的朋友，"我"已经被小王子"驯养"了。所

好了，去找幸福吧！

谓的"驯养"其实就是建立联系，我们相处的这八天时间，让"我"对小王子有了越来越多的了解，这使小王子和别的金色头发、戴着围巾的小男孩都不一样。

小王子又找到了来的时候遇到的那条金黄色的毒蛇。小王子为了回到自己的星球，为了去见那朵属于他自己的玫瑰花，宁愿冒着"死亡"的风险。"我"阻止不了他，却感觉到了狐狸所说的伤心难过，因为"我"会想念小王子。因为我们的相遇，以后再看到和小王子有关的事物，"我"都会想起他，那些事物也会因为有了小王子的存在而变得与众不同，这就是"爱"的含义。

检票吧！

扶好坐稳，检票啦。

思思练写作

基础任务

　　本章故事情节中，小王子和"我"夸赞了沙漠、夜空的美景。那是因为"我"和小王子结伴而行去寻找水源的回忆，也是因为他们用心观察的结果。美景不只是在特定环境、特定天气中才有，其实在日常生活中就藏着各种美丽的风景，只是我们缺少发现它的眼睛和寻找美的心境。请你观察生活，发现生活中的美景，并把它写下来吧！

1. 写作的第一步是观察

　　也许是淅淅沥沥的春雨，滋润着干枯草坪里星星点点的绿意；也许是夏日黄昏放学时的夕阳，伴随着蝉鸣和微风；也许是秋日朝阳，混合着干燥的树叶沙沙作响；也许是雪后初晴，映衬着阳光，发出五彩斑斓的光，雪粒在光的照耀下像一颗颗宝石……请你到生活中去观察，找到日常生活中的美景，然后按照一定的顺序把它记录下来。

例如：

地点：大街上

季节：仲秋

时间：中午12点

景物：道旁树、天空、白云、微风

特点：秋高气爽，让人心情愉悦

天空高远，白云朵朵，微风清凉，道旁树黄绿相间，映衬着阳光，英姿飒爽。

2.细化你的观察

一篇好的写景文章能让人仿佛身临其境，感受到大自然带给人净化心灵的作用。想要达到这个效果，就必须更细致地观察。细致地观察就不能只用眼睛去看，还需要用耳朵去听，用鼻子去闻，用手去触摸，用心去体会事物带给你的感受。因此，在记录观察的时候，不仅要记录下看到的形象和颜色，还要记录听到的声音、闻到的味道、触碰到的感觉，以及景色带给你的感受和想象。

比如：

天空湛蓝，偶尔有朵朵白云悠闲地在天空中飘过，显得天空更加高远。阳光金黄清透，照耀在黄绿相间的枝叶上，像是燃起了火苗。枝头浅褐色的枯叶被微风一吹，扑簌簌落下，在落地的瞬间像微小的烟花发出爆裂的声音。千万朵烟花此起彼伏，就像是开在白日里的庆祝金秋的烟火大会。路

咳咳咳……

上有一两个行色匆匆的人骑着车子经过，碾压在枯叶上时发出清脆的声音，扬起小小的尘烟。让人想起传说中骑着扫帚飞行的魔术师，可惜疾驰而过的人没有注意到她施展的小小魔法。

3. 按照顺序详略得当地展示你的观察

想让读者对你描写的美景感同身受，就要让读者跟着你的描写顺序去想象，当他在脑海中形成一幅和谐的、清晰的画面时，他就能和你的所见所感产生共鸣。观察和描写都要遵循一定的顺序，可不能东一榔头西一棒槌，否则就会给人混乱的感觉。你可以由高到低先写天空，再写树木，最后写道路上的落叶；你也可以由远及近或由近及远地描写景物，比如先写天空、远处的楼房和层层叠叠的树影，再写眼前顽强绽放的花朵；你还可以由现实到想象，先写看到的景物，再写由景物产生的联想和想象。

事无巨细地描写会让读者抓不住重点，找不到最吸引人的景物。因此你要对素材进行筛选，详细描写你认为最美的景物，略写其他景物。这样你的文章才能错落有致、重点突出、引人入胜。

如上文略写天空、树叶，详写落叶的情态和当人踩过时发出的声音，这唤起了读者对落叶的关注和喜爱。

拓展任务

　　《小王子》中多次出现"本质的东西，眼睛是看不到的"这句话，作者为了解释这句话举了很多例子：比如富有神秘感的古宅，"我"对小王子的感情并不是因为小王子的躯壳，小王子在看到一整座花园的玫瑰花以后认识到了自己的那一朵玫瑰花是独一无二的……通过这个故事，你是否理解了那句话的深刻含义？在你的生活中，有哪些事物的本质是眼睛无法看到的？请你结合自己的生活经历，找出一个，说说你对这句话的理解吧。

小王子的

写作提示

本次任务的话题是一个比较抽象的"道理"，要想说清楚道理，首先自己要能够理解这个道理，用自己的话讲出这个道理。除此之外，你还可以联系自己的实际生活，从生活中找到合适的例子来证明这个道理。

1. 用自己的话解释道理

例如：

故事中狐狸对小王子说："本质的东西，眼睛是看不到的。"后面又说人们要寻找的东西，用眼睛是找不到的。我认为对于每个人来说，重要的不是那个东西本身，而是东西背后所承载的人的经历、人的心情、人与人之间的情感等。正是这些经历、心情和情感赋予了那个东西特别的意义。

2. 用生活中的例子来说明道理

比如：

我有一个非常丑的娃娃，它已经很旧很破了，但是如果让我选择一个最有价值、最有意义的物品，我会毫不犹豫地选择它。因为它是我做的第一个手工作品，它让我第一次明白了什么叫自信。

那是我参加的第一节手工课，老师要我们学着做一个玩偶。平时我从来也没有用过针线，所有需要缝补的东西，妈妈都会第一时间为我补好，所以我很胆怯，怕自己做不好。老师好像看出了大家的担心，用非常肯定的语调安慰我们："只要认真学，认真做，就一定会有收获。"所以我下定决心好好完成。

虽然在此期间我被针扎了手，娃娃做得太丑，好几次想要放弃，但都因为老师的鼓励坚持了下来。没想到做完以后，老师竟然把我的娃娃当作示范，展示给全班同学看。那一刻我产生了勇气和信心，觉得无论是什么事，只要我认真努力就能做好。之后无论遇到什么困难，遇到了什么想要放弃的事情，再看到那个娃娃，我都会充满勇气和力量。它是我的作品，也是我勇气和信心的来源，所以它对我来说非常重要。我敢肯定，如果拿这个娃娃去售卖，肯定卖不上价钱，可是如果别人拿很高的价钱来买，我也肯定不会卖！

3. 解释说明例子和道理之间的关系，证明道理

例如：

所以我明白了，眼前的娃娃可能是个失败的作品，但是它对我的意义是无价的，而这个意义用眼睛是看不到的，正因为我知道自己是如何把它做出来的，也知道它是怎样鼓舞了我，我才明白它真正的价值。世间万物，光看表面是不行的，重要的是这个事物背后的故事，以及这个事物和我们自己之间的联系。用这种眼光重新看看我的周围，原来我一直

你是我最得意的作品。

被爱包围着，原来我身边有这么多不同寻常的事物。

可爱的读者，你不妨也用这种眼光去看看你周围的人和事物，说不定你也会发现寻常的背后隐藏着不寻常，说不定你也会发现你一直想要寻找的东西就在你身边。

思思爱总结

本章你需要训练的思维方法：

总结——梳理本章的故事内容。

理解——理解"我"对小王子的感情发生了怎样的潜移默化的变化。

分析——分析扳道工和商人的故事背后作者想批判的现象。

迁移——由一个道理迁移到生活中，找到符合这个道理的事物。

整本书读写专题

不知不觉的"驯养"

本章思维训练

　　读完整本书后，作者已把小王子的人物形象深深地印在每一个读者的心中。他是怎么一步一步达到这种效果的？在第二章中，作者说自己很孤独，直到遇到小王子，你知道这是为什么吗？

小时候，"我"画了一幅蟒蛇把大象吞进肚子里的画。可是当"我"兴冲冲地拿给大人看的时候，他们都看不懂，并且让"我"把兴趣放在学习上。"我"长大后成了一名飞行员。

六年前执行任务时，"我"的飞机出现了故障，迫降在了撒哈拉沙漠，那时候"我"的孤独感才被消除。在"我"为修理飞机和食物短缺的事情发愁的时候，小王子出现在了"我"面前，并且请"我"为他画一只小羊。"我"画了小时候的那幅画，他竟然能看懂，而"我"画的小羊他却不满意，"我"心烦意乱，画了一个盒子来敷衍他，没想到他却很满意。

我们渐渐熟悉起来。"我"知道他来自一颗名叫 B612 的小星球。大人们只对数字感兴趣，所以星球有了这样一个名字。他的星球上常常会长出猴面包树，侵占他本来就狭小的空间。因此，如果有一只小羊能吃掉猴面包树，是一件特别好的事。他喜欢看日落，他会因为想要弄清楚花儿长刺到底有什么用而和"我"吵架、哭泣。

后来小王子讲述了他养的那朵花儿的事。花儿很娇媚，也很爱慕虚荣，还爱耍小性子。他对花儿百般呵护，尽力照顾，花儿却不领情，最后他赌气离开了自己的星球，开始

了星际旅行。他先后到了六个星球，遇到了喜欢下命令的国王、爱慕虚荣的人、懦弱的酒鬼、忙着算数的商人、一刻不停的点灯人、不了解自己星球美丽的地理学家。

在地理学家的建议下，小王子来到了地球。刚开始他降落的地点就是沙漠，在这里，他碰到了一条金黄色的蛇。蛇告诉他，如果他想念自己的星球，蛇可以帮助他。小王子告别了蛇，又碰到了小花，小花也不知道那种没有根、随风飘游、活得很累的物种在哪里。小王子来到一座盛开的玫瑰园，他这才知道自己的花儿不是独一无二的。

这时出现了一只狐狸，狐狸告诉了他"驯养"的含义，并且告诉了他真正本质的东西用眼睛是看不到的。小王子再次回到玫瑰园，才发现他自己的那朵玫瑰花和花园里的这些都不一样，因为他不曾为这些花儿浇水、除虫、遮风挡雨，因为他为那朵花儿花费了时间和精力，她对他就变得非常重要了。

小王子和狐狸道别后又遇到了扳道工，扳道工正不停地调整列车经过的方向。可惜他也不知道列车里疲惫的旅人要去哪里，去寻找什么。小王子碰到了一个售卖"止渴丸"的商人，商人告诉小王子人们吃"止渴丸"是为了节省喝水的时间。小王子很不理解。

当小王子讲完这个故事的时候，"我"喝完了最后一点饮用水，已经在沙漠受困八天了，"我"很着急。小王子拗不过"我"，答应陪"我"一起去寻找饮用水。在茫茫沙漠中跋涉的时候，我们看到了满天星斗，感受到了小王子所说的美丽。小王子走累了，睡着了。"我"抱着他小小的身躯，突然

你看我渴吗？

本质的东西，眼睛看不到。

明白了一切，"我"对小王子的喜爱并不是因为一个躯壳，最重要的部分是看不见的。

拂晓时，我们找到了水井。星空、水井、打水、盛水……这些都让井水更加甘甜。小王子请"我"给小羊画一个嘴套，以免它啃食他的玫瑰花。他透露了自己即将离开的信息，这让"我"非常忧伤，想起了狐狸和小王子告别时说的话，谁被驯养了，分手时难免要伤心流泪……

第二天，"我"奇迹般地修好了飞机，却听到了小王子和毒蛇的对话。小王子最后还是达成了和毒蛇的交易，轻轻地倒在了地上。

六年后，"我"忧郁的心情稍稍缓解了一些，每当"我"抬起头看到满天星斗时，"我"都会想起小王子。

1.故事一共涉及了哪几个重要的时间节点？每个重要的时间节点都发生了什么事？

2.从这个结构可以看出整本书的记叙顺序是怎样的？按照这样的顺序讲述故事有什么好处？你能按照时间的先后顺序讲出来吗？

3.整本书主要有哪几个视角？每个视角讲述的是什么故事？

视角1：

视角2：

……

拓展思考

1.故事的名字叫《小王子》，为什么不直接用小王子的视角来讲故事呢？原著讲故事的方式有什么好处呢？

2.故事的结尾，小王子要离开时，"我"为什么会想起小王子同狐狸离别的情景？

　　故事的第一章，"我"回忆了自己六岁时的经历，有感于书里描绘的蟒蛇吞大象的故事，画下了这个场景，可是当"我"把自己的画拿给大人看的时候，大人都只凭借眼睛看到的画面来理解，看不出来画的是什么，还希望"我"把兴趣放在学习上。这幅画成了一个测试，可惜"我"始终没有找到一个能给出正确答案的大人。从此以后，"我"一直感觉非常孤独，没有遇到一个可以真正交谈的人。

　　紧接着"我"回忆起了六年前遇到的小王子，他让"我"不再孤独。这说明本质上"我"和小王子是同类人，也为后面"我"和小王子结下深厚的友谊埋下了伏笔，因此，故事紧接着开始回忆六年前的事情。这一部分就是故事的主体，随着小王子和"我"交谈得越多，"我"对小王子的了解也就越深。读者跟随"我"的视角，了解了小王子的星球，了解了小王子在宇宙中旅行的原因，了解了他旅行的过程，也了解了他来到地球的目的。六年前的故事以"我"修好了飞机、送走了小王子而结束。

　　故事的最后，"我"又告诉读者，这些都是六年前的事情。这六年来，"我"没有对别人讲过小王子的事情，因为"我"还沉浸在和小王子告别的忧伤之中。现在，"我"的精

神稍微振作了一些，可是"我"突然想到，忘记给小羊的嘴套画上皮索了，因此又勾起了"我"对小王子的思念。

　　整个故事重要的时间节点有三个：一个是"我"六岁时，一个是六年前，一个是现在。而这三个重要的时间节点下发生的故事，都是从"我"的视角出发来讲述的。六年前遇见小王子，在介绍小王子的经历和见解时，又是以小王子的视角来讲述的。这样的讲述方式让我们仿佛跟着小王子的脚步去经历旅程，而不是一切都来自"我"的转述。这样读者和主人公小王子的距离更近了，读者能更容易理解小王子的经历，更容易从他的旅程、见闻和感受中产生思考。

　　《小王子》运用的是倒叙的记叙方式，通过回忆六年前的故事，为我们完整地讲述了"我"和小王子从相遇到相处到成为朋友，再到最后告别的过程。其实这个过程就是"我"逐渐了解小王子的过程，也是"我"被小王子"驯养"的过程。"我"像小王子照顾那朵玫瑰花一样，为小王子画小羊，听小王子讲故事，为小王子打水，感受小王子的喜怒哀乐。最后，因为要和小王子告别而感到忧伤，"我"仰望漫天星空的时候，又会因为惦念小王子而感到美丽和慰藉。因此，作者用整个故事为我们解释了什么叫"驯养"，让故事的主题更加突出。这就像一个隐藏的"彩蛋"一样，没有直接写出来给读者"看见"，而是需要读者用心去体会"我"和小王子之间的相处过程，感受到"驯养"的过程。当故事的时间回到了"现在"，读者才恍然大悟，对故事的主题也就理解得更深刻了。怎么样，作者这样的安排是不是非常巧妙？

思思练写作

作者讲故事的方式非常巧妙，他运用了倒叙的方式，先讲六岁时的画，再讲六年前在撒哈拉沙漠的奇遇，最后回到"现在"，表达对小王子的想念。我们不妨模仿《小王子》的叙述方式写一个想象故事。如果你也交了一个外星人朋友，想想你们是怎么认识的？你的朋友长什么样？你和他之间发生了哪些故事？现在你对他又怀着怎样的情感呢？

1. 给你的人物做个身份卡

想象故事的构思是非常重要的。如果不想清楚人物的形象和故事的结构，写作的过程中就容易不断产生新的想法，人物的形象就会模糊不清，甚至前后矛盾。

首先给你的外星人朋友做个身份卡吧。想象外星人和地球人在外形上有什么区别：他有多高？有多重？怎么走路？怎么说话？从哪里来？他和地球人相比，有什么不同的习惯或行为……你不仅可以参考文学作品中外星人的形象，还可以参考影视剧作品中外星人的形象，例如《神偷奶爸》中的"小黄人"、《长江七号》中的"七仔"等。

你可以试着在下面的方框中画出他的形象，并附上要点说明。

```
┌─────────────────────────────────┐
│                                 │
│                                 │
│                                 │
│                                 │
│                                 │
└─────────────────────────────────┘
```

2. 利用时间轴创作故事主线

在明确了外星人的形象和人物设定后，你还要创造一个引人入胜的故事主线。时间轴就是一个很好的工具。《小王子》的故事在时间轴上可以分为三个部分，即六岁时、六年前和现在。故事的主线放在了六年前和小王子相遇的过程。你的外星人朋友为什么来到地球？他来地球做什么？他又是什么时候返回家乡的？他返回家乡后你的心情是怎样的？试着在时间轴上标注你的故事主线吧。

例如：

小时候：想象外星人　　　　　　　　**现在：想念朋友**

一年前：相遇

你可以模仿《小王子》的结构，开头回忆你小时候第一次读有关外星人的故事，产生了对外星人的幻想和好奇；紧接着你可以设定一个过去的时间，回忆你和外星人相遇的故事；最后，你可以设定现在的节点，想念你的这位外星人朋友，或者你们的相遇让你对探索地球外生命产生了浓厚的兴趣等。

故事的主线就是你和外星人相遇的故事。

你们是怎么遇见的？

你们的友谊是怎样结下的？你们共同经历了什么，或者一起解决了什么难题？

他是怎么回去的？

例如：

我的朋友是个会飞的外星人，我遇见他的那天，他以非常诡异的姿势卡在了我家窗外的防护网上。刚开始我以为

是只大鸟，还把我吓了一跳。走近仔细一看，就吓得更厉害了，我心想：妈呀，这是什么怪物？！虽然我当时特别害怕，但是还是战胜了恐惧，把他救了下来。

经过沟通，我才知道，原来他所在的星球和另一个星球的外星人正在发生战争，他被一个敌人击中了翅膀，偏离了飞行的轨道，掉到了地球上，正好掉到了我家。他现在缺少能量，没办法返回自己的星球，因为那是一段相当遥远的距离，需要巨大的能量。但我不知道他要找的能量是什么，怎么样才能找到……

3. 用折线图创作出跌宕起伏的故事

精彩的故事可不只是要有特殊的设定，还要有跌宕起伏、扣人心弦的故事情节。折线图就是一个很好的方法。我们可以画一对垂直交叉的箭头，横着的箭头代表故事的发展，竖着的箭头代表心情或者故事情节的起伏，比如碰到好事情产生了好心情，就可以在箭头偏上的位置点一个点；故事发展了一段时间后又遇到了困难或者危险，就可以在箭头偏下的位置画一个点。最后把这些点连起来，你就能看到故事的走势了。如果你觉得故事平平无奇，就可以再增加突发的情节，让故事情节跌宕起伏起来。

例如：

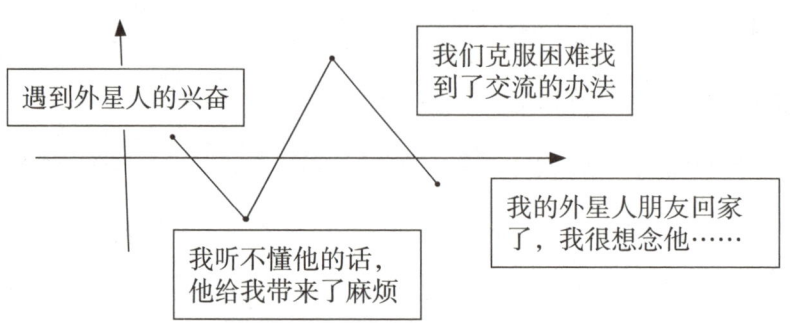

遇到外星人的兴奋

我们克服困难找到了交流的办法

我听不懂他的话，他给我带来了麻烦

我的外星人朋友回家了，我很想念他……

最后，想象得再完善也不如写出来看，如果你已经完成了人物的设定和故事的设计，就动笔把它写出来吧！说不定，将来有一天可以在书店里看到你的作品呢！

思思爱总结

本章你需要训练的思维方法：

总结——梳理整本书的故事内容。

分析——分析整本书的叙述顺序和叙述视角。

想象——想象设计人物形象和故事情节。

整理——运用可视化思维工具梳理写作思路。

整本书读写专题

小王子的旅行日记

本章思维训练

在《小王子》中，你能读出哪些主题？你从中获得了哪些启示？

《小王子》的作者圣埃克苏佩里是法国作家，也是法国最早的一代飞行员之一。他出生在法国一个落魄的贵族家庭，小时候就表现出了对机械的热爱，后来第一次世界大战爆发，圣埃克苏佩里应征入伍，经过刻苦学习和训练，取得了军事飞行员合格证书，成了一名空军。此后他的飞机曾多次失事，他也几次与死亡擦肩而过。

他因伤退伍后开始了航空公司飞行员和作家的双重生活。他帮助航空公司开拓航线，进行了多次危险重重的试飞。在1935年的一次飞行中，飞机出现故障，迫降在了撒哈拉沙漠中。在弹尽粮绝几乎丧命的时候，他被一支路过的骆驼商队拯救了。这段经历也被圣埃克苏佩里写进了《小王子》中。

第二次世界大战期间，圣埃克苏佩里再一次入伍，即使因多次严重的受伤早已被医生判定并不具备参军入伍的条件，但他凭借着对飞行事业的热爱，还是成了空军侦察员。参加战争期间，他目睹了战争对人的摧残，看到了战争中人们的痛苦与迷茫。除此之外，他和妻子之间因性格不合等而产生的矛盾也使他很痛苦。在这样的背景下，圣埃克苏佩里只用三个月的时间就写成了《小王子》。

《小王子》中出现过很多形象，有形色各异的大人，也

有狐狸、蛇这样的动物，甚至还有植物。作者描写这些形象的目的是什么呢？你能从整本书中读出哪些主题呢？你能从中获得哪些启示呢？

1. 你还记得整本书中描写了哪些大人吗？你可以试着在下面的表格中整理出来。

人物	出现章节	特点
六岁时"我"身边的大人	第一章	缺乏想象力

2. 整部作品围绕着小王子展开，你能说说小王子有什么样的性格特点吗？请在每个性格特点后面说说你是从哪里看出来的。

小王子的性格特点	书中的相关情节

注意：你要概括一下人物的主要性格特点，找出最能体现这一性格特点的情节，尽量全面一些。

3.通过对比这些大人和小王子的观念，你认为作者更赞同哪一种观点呢？你能从中总结出这部作品有哪些主题？

4.根据以上思考的结果，结合现实生活，说一说《小王子》这本书给了你什么启发？

5.《小王子》虽然是一个童话故事，但是这里面有很多的观点和句子是非常有哲理的。你可以重新快速浏览一遍这本书，把这些闪耀着智慧光辉的句子摘抄下来，或者把它们蕴含的哲理讲给你身边的人听。

拓展思考

有人说书中小王子和花儿的关系就象征着作者和妻子的关系，你认同这个观点吗？说说你的理由。

　　梳理全书可以发现，第一章出现的大人是"我"六岁时身边的那些大人，他们不能识别出"我"画的是蟒蛇吞掉大象的画面，因为他们缺少想象力。

　　作者在第四章介绍 B612 星球名称来历的时候描绘了发现这颗星球的科学家和国际天文学年会上的大人。他们看着科学家穿着自己国家的民族服装，就不去听他说什么，否定了他的发现。直到这位科学家换上了华丽的西服，这些大人才愿意好好听他说的话，并承认了这颗小星球的存在。他们喜欢数字，只能凭借数字来认识和看待这个世界。作者讽刺了这些大人的无趣、死板和狭隘。

　　从第十章到第十五章，作者描绘了小王子进行星际旅行时碰到的六个人，他们分别代表了六种大人：喜欢命令别人的人、爱慕虚荣的人、懦弱的酒鬼、忙于计算贪婪的商人、为别人奉献却忙碌到没有自己生活的点灯人、只追求永恒却忽略身边短暂的美的地理学家。作者依次讽刺了他们的观点，并用他们来批判社会上像他们一样的人。

　　从第十六章开始，作者描绘了小王子来到地球上的见闻感受，他在这里遇到了三个大人：一个是扳道工，一个是卖"止渴丸"的商人，一个就是故事里的飞行员——"我"。

扳道工把铁路的轨道挪来挪去，送走了四面八方而来又向四面八方而去的人。作者借扳道工之口，反映了社会上很多人疲于奔命，却不知道自己真正要寻找的是什么，也不知道到哪里去寻找的迷茫。

"止渴丸"这种东西之所以有市场，就是因为人们四处奔忙，却不知道珍惜眼前的生活，不知道生活的真谛。作者也批判了这些人的盲目和荒谬。

作者在第十八章借花儿之口，描述了一支商队，说人是"随风飘游，没有根，活得很累"的生物，作者借此批判了社会上浮躁、盲目追求权力和利益的一类人。

而"我"作为保留一丝童年想象力的成年人，虽然也有敷衍不耐烦、不理解、小王子的时候，但是随着"我"对小王子的经历有了更多的了解，"我"也更能体会到他珍贵的价值，站在儿童的视角去批判成年人的种种弊病，从而呼吁人们找到生活的真谛，那就是——本质的东西，眼睛是看不到的。

　　而在对比中，小王子呈现出的天真、纯洁和高尚，和成年人形成了鲜明的对比。小王子感到非常孤独，每到一个新地方，他都希望能遇到其他人，并与他们成为朋友，比如：他刚到地球上就四处询问有没有看到人的踪迹；他登上高山时也在对着山呼唤，渴望得到友谊。不仅如此，他还有些忧郁，

追落日太忙，都忘了忧郁了。

书中说忧郁的人喜欢看日落，他曾经在自己的星球上连着看了四十三次日落。

小王子天真、富有童心和想象力，他能从飞行员画的画中想象到蟒蛇吞掉大象的画面，能从飞行员画的盒子想象到里面有一只小羊，并且比得到那只具体的小羊还开心。当他要返回自己的星球时，希望飞行员看到星星就能想到他，希望飞行员听到铃铛的声音就能想到他的笑声。

他还很有责任心，他细心地照顾着花儿，担心小羊会啃坏玫瑰花。离开自己的星球之前，他认认真真地打扫了三座火山。他纯真，更接近生活的本质。他关心小羊是否吃灌木，他认为弄清楚花儿长刺到底是为了什么是非常重要的……小王子身上有很多值得成年人去学习的品质，而人们在盲目地追求权力和财富的过程中却渐渐地把这些美好的品质给丢掉了。

作者不仅通过孩子和成人的对比探讨了生活的真谛，还借狐狸谈"驯养"的故事，告诉了读者建立关系的本质就是付出和共同的经历。作者还通过描绘小王子和花儿之间的误解，探讨了爱的本质就是付出，当你付出了时间和精力，你的爱才会愈加浓烈，你所爱的人才会和其他人区别开来，他才会成为那个独一无二的存在。

这本书虽然是童话故事，但是蕴含着深刻的哲理，充满了象征意义，成年人读起来也会有很多的反思。如果你发现了自己没有注意到的主题，不妨再重新读一读，说不定会有很多不一样的收获。如果你发现了很多的哲理，不妨联系现实生活，想一想如何将这些道理运用到生活中，化为你自己的人生智慧。

思思练写作

读完《小王子》，你是否有很多感触？是否也产生了一些独特的感受想要分享？如果请你策划一场班级里的《小王子》读书分享会，你想要如何来策划呢？策划一场活动可不是那么容易的，它需要考虑非常多的因素，需要很多的人员进行分工合作。因此，一份好的策划书就是一场活动顺利举行的前提，非常考验我们的综合思维能力。本次写作训练，我们就用策划一场活动来训练我们的综合思维能力吧。

1. 目的是策划的核心

想要成功举办一场活动，首先要做的就是明确活动的目的，再去寻找可以实现这一目的的途径。你能用自己的话说一说这场《小王子》读书分享会的目的是什么吗？

例如：

为了提升同学们阅读整本书的能力；为了在交流中加深对这本书的理解；为了给同学们一个交流分享的平台和机会；为了促进同学们的深度思考和思维互动；为了营造更加浓厚的阅读氛围，帮助同学们养成良好的阅读习惯；为了锻炼同学们的表达能力……

　　读书分享会的意义和价值可能是多种多样的，请你根据自己的理解，确定你想要举办的读书分享会的最主要目的，并把它写在你的策划书上吧。

2.发散思维策划活动

　　一场好的活动，需要有合理、吸引人的活动流程。活动的内容越吸引人，人们就会越感兴趣，就越能调动参与者的积极性。不仅如此，合理的活动流程能够给参与者更加顺畅的体验，促进参与者的深度参与，让参与者收获更多。如果活动流程不能够达到活动的目的，那么这就是一场失败的活动。因此，设计出环节合理、内容吸引人的活动流程也是非常重要的。也许你会觉得很难,不过不要担心,我们有很多思维工具可以帮助你解决问题。

你可以运用思维导图发散思维,把你能想到的活动内容都写下来,然后根据活动参与者的情况筛选出最合适的活动形式,再按照逻辑关系把它们排列起来。

比如:

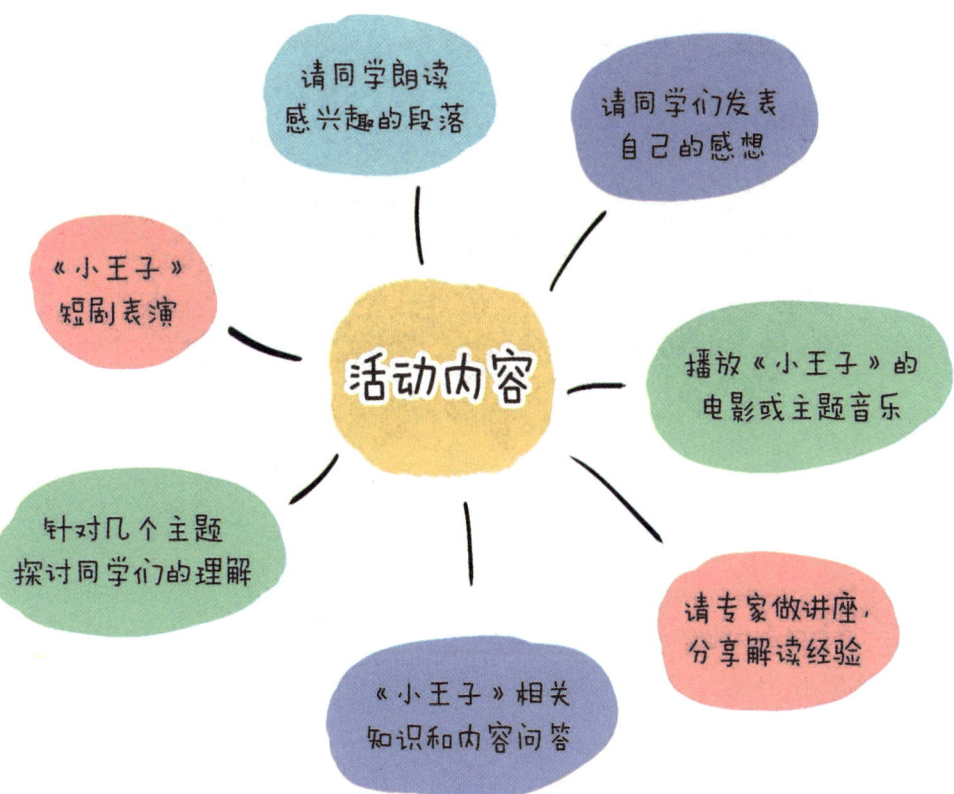

注意:这些例子都是为了辅助你发散思维的,并不代表它们都合适。有的有可能受限于场地的大小、分享会的规模、分享会活动的时长,并不适合;有的是和分享会的目的不符

合；有的需要在分享会活动开始之前提前安排部署等。

请你根据自己发散思维的结果，选择你认为适合在班级的读书分享会上举办的活动内容，把它们写在策划书的相应位置上，并且在每个活动内容后写出选择这个活动的理由。

3. 精彩活动依靠明确的分工

想要办好一场活动需要依靠明确的分工。你可以试着列一列，整个活动过程中都需要做哪些工作，最后整理出活动的分工项目。

例如：

整个活动需要一个好的活动统筹，把控整个活动准备工作的决策。比如，要有人负责活动场地的布置，要有人负责道具的准备，活动要有主持人和完成撰写主持稿、串讲词工作的撰稿人，现场要有维持秩序、引导观众的工作人员。如果活动中包含节目表演，还要确定表演的人员，提前做好节目的排练。如果涉及奖品和经费，还需要提前明确经费的来源和预估花费的数额，确定好负责经费的人员。

以上只是辅助你发散思维举出的例子，在实际的活动策划中分工可能会更多。如果你不知道还有哪些分工，也可以到图书馆或者通过网络查阅相关的资料，学习活动策划的分工，然后再来整理你的策划案需要哪些分工。这是一次不错的学习机会，不妨尝试一下。

《小王子》读书分享会策划书

活动名称：
活动目的：
活动时间：
活动地点：
活动分工：

4. 整理信息，完成策划

　　如果你已经把每个步骤都设想清楚了，就把你的思维结果整理到策划书中吧。千万不要小瞧整理的过程，它是你推演真正活动的一种方法，推演中你可能会发现之前没有注意到的问题。这时你就可以修改策划书，直到它看起来能够支撑一场活动的顺利举办。

思思爱总结

本章你需要训练的思维方法：

论证——学习筛选材料证明自己的观点。

迁移——学习借鉴活动策划的方法化为己用。

发散——根据给定内容进行思维发散，广泛搜集信息。

整理——运用可视化思维工具筛选、排列信息。